UNE ANNÉE D'ADMINISTRATION

DANS

LA HAUTE-MARNE.

LETTRE

D'un Sous-Préfet de la République

A

M. FERDINAND BARROT,

Ministre de l'Intérieur.

« ...Nous sommes convaincus que le Gou-
» vernement républicain bien entendu et bien
« pratiqué, est parfaitement compatible avec les
« grandes nécessités sociales et avec les droits
» impérissables de chaque citoyen.
J. DUFAURE, ancien Ministre.

« Je n'ai qu'une chose à dire du Ministère
» précédent et des hommes qui le composaient,
» c'est qu'il nous a donné des exemples que je
« m'appliquerai à suivre. »
F. BARROT, séance législative du 5 nov.

« Quand on a pour soi la justice et la vérité,
« on finit toujours par gagner sa cause, quels
« que soient les nuages dont les passions hu-
« maines parviennent quelquefois à l'envi-
« ronner. »
L'EVÊQUE DE STRASBOURG,
Circulaire du 8 mai 1843.

PARIS,

IMPRIMERIE DE L'ASSEMBLÉE NATIONALE,
Henri et Charles Noblet, rue St-Dominique-St-Germain, 56.

1849.

LETTRE

A

M. FERDINAND BARROT.

Monsieur le Ministre,

Tant qu'a duré le pouvoir du précédent Cabinet, certains journaux, hostiles à la politique de M. Dufaure, ont pris à tâche de diffamer, sans distinction, les hommes nouveaux que le Gouvernement provisoire avait envoyés dans les départements, pour y remplacer les préfets et les sous-préfets de Louis-Philippe. Si l'on en croyait ces feuilles malveillantes, ou mal informées, les magistrats d'origine révolutionnaire seraient tous de misérables va-nu-pieds, sans instruction spéciale, sans capacité, sans moralité ; des brandons d'anarchie et de socialisme, des *rouges*, en un mot, et vous ne sauriez trop tôt purger l'administration du petit nombre de ces dangereux aventuriers, échappés aux épurations draconiennes de Léon Faucher.

Cette appréciation est évidemment exagérée. J'espère le démontrer, du moins en ce qui me concerne, et amener peut-être, par mon exemple, d'autres fonctionnaires démocrates à s'occuper aussi du soin de leur justification.

C'est dans ce but, Monsieur le Ministre, que j'ai l'honneur de vous écrire aujourd'hui, et que, malgré ma répugnance à me mettre en scène, malgré les inconvénients inévitables de la polémique réactionnaire, je me décide à publier la présente lettre.

La révolution de Février venait de s'accomplir ; la République succédait à la Monarchie ; les écrivains de l'opposition, qui avaient appelé de leurs vœux et hâté de leur concours cet heureux changement, étaient bien en droit de revendiquer une part dans la gestion des affaires du pays. Ayant contribué à détruire, ne devaient-ils pas, — chacun dans la sphère de ses aptitudes, — essayer de réédifier ?

J'avais à choisir entre les divers départements où mes amis partaient en mission. Je donnai la préférence à la Haute-Marne, déjà administrée par un homme de bien, dont je connaissais les principes, et à qui je tenais par les liens d'une ancienne affection. Fort de son appui, je me flattais, en pratiquant la conciliation, de rapprocher les partis, d'être leur trait-d'union, de faire aimer à tous notre jeune République.

J'acceptai donc, de la main de M. Montrol, la sous-préfecture de Langres, avec le titre de sous-commissaire du Gouvernement provisoire.

Par mes antécédents, j'étais peut-être à la hauteur de cette position administrative et politique. Car, d'une part, l'état de mes services constatait ceci : 3 ans chef des bureaux d'une sous-préfecture ; 18 ans sous-chef de comptabilité dans un port militaire ; 10 ans attaché à l'administration centrale de la marine.

D'une autre part, sans sortir de ma spécialité, j'avais, de 1836 à 1848, collaboré, au *Monde*, avec Lamennais, Petetin et Jules Favre ; au *Journal de la Marine* et au *Temps* avec Montrol ; à la *France administrative*, dont j'étais fondateur et directeur ; enfin au *Siècle* et au *Courrier français*.

Tels étaient mes titres. Mon dossier en fait foi.

Après avoir reçu à Chaumont, du Commissaire du Gouvernement dans la Haute-Marne, les pouvoirs et les instructions nécessaires, je me rendis à Langres pour y occuper, au nom de la République, le poste qui m'était confié. Je trouvai dans mon prédécesseur M. Lapérouse, un homme de bonne compagnie, instruit et capable ; et je regrettai de le voir, au début de sa carrière, frappé par une mesure purement politique. Telle sera, vous le savez, monsieur le Ministre, l'instabilité des sous-préfets, tant que leurs attributions ne se renfermeront pas étroitement dans le cercle de l'administration proprement dite. Au surplus M. Lapérouse vient d'être réintégré par M. Dufaure.

La ville de Langres, ordinairement si calme, frissonnait encore de la commotion laissée par trois jours de tumulte et de désordre. Une démonstration sauvage empruntée à des mœurs d'une autre époque, un charivari, avait salué la candidature parlementaire d'un citoyen d'ailleurs fort estimé. « Il n'avait « d'autre tort — selon les termes d'un arrêté du Maire, pris « à cette occasion — que d'avoir tenu le pouvoir entre ses « mains ; *le pouvoir, qui dépopularise tous ceux qui l'exer-* « *cent avec conscience et courage.* »

Mais les perturbateurs, moins indulgents que l'honorable M. Couvreux, avaient cru flétrir ce qu'ils nommaient une palinodie politique : sept d'entre eux , ont appris par un jugement de police correctionnelle , que l'on ne se met pas impunément en contravention avec le Code pénal.

Peut-être le nocturne illicite aurait-il cessé dès la première soirée, si le commandant de la garde nationale n'avait restitué à l'orchestre les instruments saisis par la police, et si la générosité du maire s'était dispensée d'envoyer de la bière aux exécutants. Mais je n'ai point à m'expliquer ici sur cette discordance.

Quoiqu'il en soit, un comité électoral d'arrondissement, et trois sociétés républicaines étaient en plein exercice à Langres. Dans le comité, les aspirants à la représentation nationale posaient tour à tour, faisaient leur profession de foi , développaient leur programme, répondaient aux interpellations. Les orateurs étaient nombreux. Dans les clubs, les choses se passaient avec un peu moins de cérémonial. Les questions à l'ordre du jour se discutaient au milieu du bruit et des interruptions, ce qui n'empêchait pas les citoyens les plus recommendables de s'associer à ces réunions populaires, et de se mêler activement aux débats. La ville entière était électrisée par cette vie fébrile que lui transmettait le libre exercice de nos droits reconquis.

Toutefois , je crus devoir m'abstenir de paraître dans ces assemblées délibérantes, encore trop peu disciplinées. Il ne fallait pas, selon moi , que le premier magistrat de l'arrondissement s'exposât à des familiarités compromettantes.

L'état des esprits, vous le voyez, Monsieur le Ministre, était on ne peut plus favorable au nouvel ordre de choses. Néanmoins, un sous-commissaire du Gouvernement provisoire , une espèce de proconsul au petit pied , inconnu dans la contrée, survenant inopinément , s'installant lui-même, ne pouvait être accueilli qu'avec une certaine défiance, une certaine froideur. Il fallait qu'on me jugeât par mes actes, bien qu'une lettre particlière de M. Moutrol , qui répondait de moi , eût annoncé que je m'occuperais d'administration plutôt que de politique. Mais la trop célèbre circulaire de Ledru-Rollin était perfidement interprétée par quelques républicains douteux ; ses malencontreux bulletins n'avaient pas un meilleur sort ; le Ministre lui-même était en butte à des calomnies indignes, et ses agents les mieux intentionnés , trouvaient à peine grâce aux yeux des mécontents.

Il était donc urgent de combattre de telles préventions. En conséquence, j'adressai aux maires de l'arrondissement la circulaire ci-après, qui a paru aussi dans le *Messager de la Haute-Marne*, journal de la localité :

Messieurs,

Appelé dans l'arrondissement de Langres, en qualité de Sous-Commissaire du Gouvernement provisoire, je ne puis mieux faire que de suivre en tous points, l'impulsion et l'exemple du Commissaire que la confiance de la République a placé à la tête de l'administration supérieure du département.

En venant parmi vous, M. Montrol a dit :

« Chacun doit se rallier à la République, chacun doit lui
« dévouer sa fortune et sa vie.

« Que tous les fonctionnaires, que tous les Ministres des
« cultes, que tous les citoyens sachent et expriment en tous
« lieux la pensée du Gouvernement.

« Le Gouvernement Républicain de 1848, veut républica-
« niser la France. Sans violence comme sans faiblesse, il veut
« briser tout obstacle qui compromettrait les révolutions ac-
« complies ; il ne veut rien renverser de ce qu'il importe à
« l'intérêt général de laisser debout ;

« Il veut qu'on respecte partout les personnes, partout les
« propriétés, partout les opinions ;

« Il veut instruire et moraliser le peuple, et le rendre digne
« de participer à tous les travaux, à toutes les fonctions dans
« lesquelles chaque citoyen peut être utile à son pays. »

Tel est le programme du Commissaire du Gouverne-
ment dans la Haute-Marne, programme auquel ses actes se sont constamment conformés, et auquel je m'efforcerai de conformer les miens.

Puissé-je, comme lui, me concilier l'estime et la recon-naissance des citoyens qui savent apprécier la fermeté et la modération de caractère.......................................

En même temps, et pour obéir aux prescriptions du décret du 24 messidor an XII, j'allai faire ma première visite offi-cielle à l'évêque de Langres, et je convoquai, à l'hôtel de la sous-préfecture, les fonctionnaires placés après moi dans l'or-dre des préséances. Monseigneur Parisis, à qui je m'annon-çai en ma qualité de magistrat de la République et comme enfant de la sainte Eglise, me reçut avec beaucoup d'aménité. L'entretien naturellement tourné vers la politique, inspira au prélat des paroles pleines d'un haut sentiment de tolérance, que je trouvai encourageant pour la démocratie. Monseigneur voulut bien convenir que la République de 1848, pure de tout excès, sublime par sa devise, est en harmonie parfaite avec la morale et les devoirs du christianisme. L'illustre adversaire de l'Université, se montra même fort avancé, en fait de liber-tés publiques ; car il ne demandait rien moins que la liberté illimitée de l’enseignement. Mais j’objectai que notre Gouvernement n’était pas encore assez robuste, pour essayer d’un pareil régime.

Je constatai dès lors, comme j’ai été heureux de constater depuis, cette vérité dite, il y a peu de jours, du haut de la tribune législative, à savoir, que si « la révolution de Février « a été bienveillante pour le clergé, le clergé à son tour, a été « bienveillant pour la révolution de Février. »

Il ne fallait pas que mon entrevue avec les autorités se bornât à une représentation d’apparat pendant laquelle s’échangeraient de stériles banalités. C’eût été perdre un temps précieux. Il me tardait, au contraire, de connaître les divers chefs de service, et de me faire donner, par eux-mêmes, pendant la conférence, un premier aperçu de la situation de mon arrondissement. C’est pourquoi ces messieurs avaient été prévenus que je les recevrais le samedi 8 avril, de *midi à 4 heures.*

Permettez-moi, monsieur le Ministre, de vous faire assister à cette réception, dont la physionomie vous donnera une idée du milieu dans lequel j’allais me trouver.

Le maire de Langres introduit d’abord, me présente ses adjoints, le corps municipal, la commission des prisons, dont il est membre ; la commission des hospices, qu’il préside ; le bureau d’administration et les fonctionnaires du collège ; le comité local de surveillance de l’instruction primaire, les officiers de la garde nationale.

M. Couvreux peut toujours compter sur l’appui du conseil municipal et sur le dévouement de ses deux adjoints. Jeune et ardent, il impulsionne tout ce qui l’entoure : l’édilité, c’est lui. Homme d’action et de volonté, il a introduit des améliorations remarquables dans son administration. On lui doit l’établissement d’un abattoir, la création d’un marché aux bestiaux, l’élaboration d’un projet d’octroi, la mise à l’étude d’un système d’éclairage, la régénération de la police, qui fonctionne aujourd’hui d’une manière satisfaisante.

Peut-être le maire de Langres, hardi comme un riche banquier, s’est-il un peu aventuré dans cette voie du progrès ; car la caisse communale éprouve u[n vi]de inquiétant, que l’on ne pourra combler qu’au moyen [des re]cettes de l’octroi projeté. Or, le Ministre des [finances n’a pa]s encore pris de décision sur cette affaire qui paraît de p[lus e]n plus incertaine... Je me charge d’en presser la solution.

La *maison d’arrêt* manque d’espace : les diverses catégories de prisonniers s’y trouvent confondues. Il faudrait, pour approprier le local actuel à sa destination, l’agrandir du bâtiment de l’ancien grenier à sel, qui est contigu ; mais la situation financière de la ville ne permet guère, quant à présent, de songer à cette dépense.

Les *hospices*, sont entretenus avec un luxe de soins et de propreté, qui s'explique par la grande richesse de ces établissements et par le zèle éclairé des administrateurs. *Un ouvroir* est annexé à l'hôpital de la Charité. Vingt jeunes filles y sont élevées par les religieuses hospitalières, qui leur apprennent un état, et les placent ensuite dans de bonnes maisons. Un certain nombre de jeunes garçons sont mis en apprentissage chez les maîtres ouvriers de la ville, aux frais de l'administration. L'institution de la *Marmite*, dirigée par les mêmes religieuses, fournit à domicile des aliments et des secours aux familles indigentes ; le *bureau de bienfaisance* de la ville, géré par la municipalité, est généreusement doté chaque année ; sans compter les souscriptions, les loteries, les quêtes, pour venir en aide aux ouvriers malheureux ; sans compter la charité privée, qui opère de véritables miracles d'humanité. Enfin, une *caisse d'épargne* reçoit et fait valoir les économies des plus modestes capitalistes.

Le *collège* est dans un état de prospérité qui fait honneur à l'habileté du principal et au mérite des professeurs. La ville subvient, pour une forte partie, aux dépenses de l'établissement ; mais le nombre toujours croissant des pensionnaires, promet un amoindrissement prochain dans les charges municipales.

Une *école primaire supérieure*, établie dans le local même du collège, est dirigée par un professeur qui s'applique surtout à instruire ses élèves, en vue du commerce et de l'industrie. C'est un heureux essai d'éducation professionnelle.

Une *école gratuite de dessin* sur le même plan, fondée par M. Aubert, ancien colonel d'artillerie, est ouverte aux jeunes ouvriers de la ville. L'honorable fondateur surveille lui-même les leçons, stimule ses pupiles, et s'acquiert ainsi, chaque jour, de nouveaux titres à la reconnaissance de ses concitoyens.

Deux écoles tenues par les *Frères de la doctrine chrétienne*, instruisent environ 500 enfants. On y enseigne la lecture, l'écriture, un peu d'orthographe et d'arithmétique. Peut-être ces connaissances sont-elles insuffisantes pour les écoliers qui doivent entrer au collège. Il y a sans doute ici une lacune à combler.

Les *sœurs de la Providence* tiennent, pour les jeunes filles, une école semblable à celles des Frères.

Une *bibliothèque* établie à l'Hôtel-de-Ville, et un *musée* placé dans un autre local, sont ouverts au public studieux.

Enfin, une *salle d'asile* complète la série des établissements d'instruction publique portés au budget de la ville de Langres.

On compte aussi, dans la cité, des institutions particulières, dignes de la sollicitude de l'autorité. De ce nombre sont la pension de jeunes gens que dirige M. Carbillet, et les maisons des *Dames Dominicaines* et des *Dames de Saint-Maur*, qui sont consacrées à l'éducation des jeunes demoiselles, c'est-à-dire des jeunes filles appartenant aux familles aisées de Langres et des environs.

Sous le rapport de l'assistance publique et de l'instruction de la jeunesse, Langres n'a donc rien à envier aux villes du même ordre les mieux partagées.

La *garde nationale* intra-muros, forme un seul bataillon, dont le commandant, M. Genuyt, est animé d'un zèle soutenu, qu'il sait inspirer à ses braves camarades. Une compagnie de sapeurs-pompiers et une compagnie d'artillerie, admirables de tenue et de discipline, marchent avec le bataillon. Sous l'empire de la loi nouvelle, l'effectif de la milice de Langres peut composer une légion. Je m'occuperai de cette organisation. . M. Delecey de Changey, ancien officier d'état-major, capitaine d'une jolie compagnie de voltigeurs volontaires, formée de simples ouvriers, en demande le maintien. Ce n'est point une aristocratie orgueilleuse et turbulente comme celle des *bonnets à poil* de Paris. Mais la tolérance d'une pareille exception est contraire au principe de l'égalité. Je refuse à regret.

Les *autorités judiciaires* sont précédées du président du *tribunal civil*, M. Bardonnaut. Ce magistrat est membre du conseil général, dont la présidence lui est toujours déférée ; membre de la commission des hospices, du comité supérieur d'instruction primaire, etc. Les juges, le substitut et le juge de paix sont présents, mais le chef du parquet, est sous le coup d'une disgrâce imméritée. Je promets d'en référer au commissaire du département.

Le *tribunal de commerce* est présidé par M. Lacordaire, négociant estimable. Grâce à la prudence et à la probité proverbiales du commerce de Langres, cette place a pu traverser la dernière crise financière, sans éprouver de notables sinistres. Située au centre du département, et plus importante que la ville du chef-lieu, Langres est aussi un entrepôt de marchandises où se font des affaires considérables.

En tête des *autorités militaires*, s'avance M. Brincard, commandant du *génie*, directeur des travaux de la citadelle. Ces vastes constructions terminées, elles pourront recevoir une armée de 80 mille hommes, et feront de Langres une place forte de premier ordre. L'insuffisance du dernier crédit porté au budget de la guerre, exigera le congédiement d'un certain nombre d'ouvriers. C'est une extrémité regrettable que nous nous efforcerons de conjurer.

Le capitaine commandant l'*artillerie* de la place, a, dans son parc, des pièces de siège, qui attendent un plus complet avancement des fortifications pour être mises en batterie.

M. Michel, officier comptable des *subsistances* de la guerre, souhaite l'achèvement de la manutention qui se bâtit dans l'intérieur de la citadelle. Il est obligé de faire fabriquer le pain de la garnison chez les boulangers de la ville, ce qui présente de graves inconvénients. Comme suppléant légal du sous-intendant militaire de la Haute-Marne, je tiendrai compte des observations de M. Michel.

M. Brocard, lieutenant de *gendarmerie*, commande six brigades ainsi réparties : une à Langres, et les cinq autres dans les cantons de Bourbonne-les-Bains, Auberive, Fay-Billot, Montigny-le-Roi et Prauthoy. Cette répartition exige beaucoup de zèle et d'activité ; mais chacun fait son devoir dans la lieutenance ; car la gendarmerie se recrute des hommes d'élite de l'armée, qui joignent au mérite de la discipline militaire, la moralité d'une vie régulière. Ce sont les auxiliaires sur lesquels un sous-préfet peut toujours compter.

M. de Serre, lieutenant-colonel du 24e *léger* en garnison à Langres, et qui remplit les fonctions de *commandant d'armes*, est venu seul à la réception. Il m'expose, avec beaucoup de courtoisie, qu'aux termes du décret du 24 messidor an XII, son colonel ne doit point de visite officielle au sous-préfet ; mais que M. Bertrand, homme bien élevé, ne se propose pas moins de me présenter son corps d'officiers. Je réponds à M. de Serre, en lui montrant un arrêté du Pouvoir exécutif, daté du 5 mars, portant : « Le sous-commissaire du Gouver- « nement provisoire aura les mêmes attributions que le sous- « préfet. En outre, les autorités civiles et militaires seront « sous ses ordres. » La difficulté s'arrange à l'amiable. Dans ces moments d'agitation, nous avons, le digne colonel et moi, des devoirs autrement impérieux qu'une vaine question d'étiquette.

Un autre épisode incidente cette journée : un visiteur que je n'attendais point, M. Franja, décline, en m'abordant, son titre d'*Inspecteur général* des départements de la Marne, de la Haute-Marne, de l'Aube, du Haut et du Bas-Rhin, et m'exhibe sa commission signée Ledru-Rollin. Or, nous avons déjà dans la Haute-Marne, un *Commissaire général* pour les mêmes départements, l'honorable M. Aubert-Roche, et, à Chaumont, un *Commissaire* pour la Haute-Marne, M. Montrol. Ce luxe d'état-major me paraît exorbitant. Je n'en suis pas moins aux ordres de M. l'inspecteur général.

M. Franja, qui est à Langres, depuis deux heures, a eu le temps de s'enquérir du civisme des fonctionnaires de l'arrondissement. Il m'en signale quelques-uns, et m'invite à les révoquer. Ce sont MM. Balland, percepteur à Aprey, qui, dit-on, conseille aux contribuables de ne point payer leurs impôts ; Pierre Thivet, curé au même lieu, qui entretient des relations criminelles avec sa servante ; François, maire de Montigny ; d'Régel, maire de Perrogney ; Gérardeau, maire de Villiers-les-Aprey, qui se livrent à des tripotages.

Vu la gravité du cas, je demande à M. l'inspecteur général, qu'il veuille au moins m'accorder un délai, qui me permette de prendre moi-même des informations, et je m'engage, dans la limite de mes pouvoirs, à faire bonne et prompte justice des coupables.

M. Commoy, receveur particulier des *finances*, retenu chez lui, m'envoie l'état de situation de sa caisse. J'y vois que la rentrée des contributions, dans l'arrondissement de Langres, a peu souffert des évènements qui ont changé la forme du Gouvernement.

MM. Abreveux et d'Ambly, contrôleurs des *Contributions directes*, connaissent à fond, le premier surtout, les localités comprises dans leurs circonscriptions respectives. Ces Messieurs me fournissent les renseignements les plus rassurants sur le bon esprit des populations rurales, et sur le personnel des percepteurs.

M. le directeur des *Contributions indirectes*, est moins heureux que M. Commoy. Son service est chaque jour exposé à des embarras nouveaux. Les agents du canton de Bourbonne en particulier, ont été menacés et lapidés dans la commune de Veisey. Ici, et dans les vignobles environnants, l'impôt sur les boissons est exécré ; on le perçoit très-difficilement. La vente du vin est nulle, l'argent est rare, et l'on craint, de la part des imposés, une résistance organisée. Je prendrai des mesures pour neutraliser ces mauvaises dispositions.

M. de Sézille, inspecteur des *Forêts*, appelle mon attention sur les tentatives de dévastation et d'incendie qui se produisent à chaque instant, dans les bois de l'Etat. Il est indispensable de redoubler de surveillance et de sévérité, pour prévenir ou pour empêcher de ruineuses calamités. J'invite M. l'inspecteur à faire une tournée nouvelle, et à vouloir bien ensuite m'adresser un rapport que je transmet au commissaire du département. J'interroge M. de Sézille sur l'importance des richesses forestières de l'arrondissement ; sur les revenus, sur les *masses noires* des communes qui ont des bois particuliers, et qui distribuent des lots d'affouages à leurs habitants. Des contestations s'élèvent souvent, à l'occasion de ces partages, sur lesquels le sous-préfet est appelé à statuer, ou à donner son avis. Je prendrai pour guide le *Traité de l'Affouage*, de M. Migneret, dont j'ai rendu compte dans les journaux. Les masses noires disparaîtront, car je ne veux point tolérer de comptabilité occulte, sous quelque prétexte que ce soit.

M. Bardonnaut, ingénieur des ponts-et-chaussées, en résidence à Langres, est chargé de l'entretien des grandes voies de communication de l'arrondissement. Cet entretien ne laisse rien à désirer.

Je fais espérer aux conducteurs qui secondent cet habile ingénieur, que le Gouvernement républicain, plus libéral et mieux inspiré que la monarchie déchue, leur offrira, par la voie du concours, la possibilité de s'élever au grade d'ingénieur. Les sous-officiers du génie militaire, de l'artillerie, de la marine peuvent bien prétendre à l'épaulette, pourquoi les conducteurs des ponts-et-chaussées, qui sont aussi des sous-officiers, seraient-ils moins favorisés ? Cette opinion n'est peut-être pas celle de M. Bardonnaut, car la science a aussi une aristocratie jalouse de ses privilèges.

M. Thirion, *agent-voyer* chef de l'arrondissement, organise, en petit dans quelques communes, des ateliers nationaux pour la réparation et l'entretien des voies vicinales. Il y occupe de préférence les indigents de chaque localité et les ouvriers sans travail. Il m'apprend que plusieurs-devis, pour des travaux du même genre, seront soumis à mon approbation, et qu'en outre il faudrait presser l'adjudication des travaux à exécuter aux maisons d'écoles, presbytères, églises, fontaines, lavoirs publics, etc., pour lesquels des fonds ont été votés. Je promets à M. Thirion une prompte décision, certain que je suis de toute la sollicitude du commissaire du département.

MM. les receveurs des *domaines* et de *l'enregistrement*, et le conservateur des *hypothèques* me rendent un compte satisfaisant de leurs gestions. J'aurai à procéder prochainement, avec le premier, au récollement de l'inventaire des bureaux de la sous-préfecture et du mobilier de l'évêché.

Cette revue est cloturée par MM. Arbeltier, inspecteur des *postes* de la Haute-Marne, et Guérey, directeur du bureau de Langres. Nos relations seront fréquentes, dans ces moments où l'administration participe à l'action puissante d'un gouvernement qui se fonde et s'organise. M. Arbeltier me parle, en administrateur entendu, des améliorations qui pourraient faciliter les communications postales entre la ville de Langres et les chefs-lieux de canton de l'arrondissement, tels que Montigny, Bourbonne, Varennes, La Ferté, etc. Nous nous concerterons pour mener à bonnes fins cet utile projet.

A travers les conversations spéciales auxquelles vous venez de prendre part, Monsieur le Ministre, les idées politiques dont chacun était préoccupé, surgissaient incessamment ; des opinions fort sages étaient émises ; l'éloge de Lamartine, génie modérateur de la révolution, était dans toutes les bouches. Les fonctionnaires, d'une voix unanime, adhéraient franchement au Gouvernement de la République. A leurs boutonnières se faisait remarquer la rosette rouge, décrétée le 26 février, « comme signe de ralliement et comme souvenir de reconnais-
« sance pour le dernier acte de la révolution populaire. »

Ainsi, j'avais autour de moi des services bien organisés, fonctionnant avec régularité, sous la main habile de chefs dévoués, sans arrière pensée, à nos institutions nouvelles, et disposés à me prêter leur utile concours. Un pareil accord me présageait donc, avec mon expérience, une administration facile.

Je dus m'occuper sans retard des dénonciations de M. Franja, et de celles contenues dans un dossier que m'avait transmis le commissaire du Gouvernement. Je commençai par les prêtres. Je confiai les pièces qui les concernaient à l'évêque de Langres et je laissai à monseigneur Parisis le soin d'instruire lui-même l'affaire et de prononcer comme il l'entendrait. Je ne voulais, en aucune façon, empiéter sur les attributions du prélat, ni porter la moindre atteinte à son autorité, comme aussi j'étais bien décidé à ne point souffrir de conflit.

Peu de jours après, quelques curés permutaient sans bruit, et l'abbé Thivet venait, de la part de l'évêque, me prouver que depuis 15 ans, le presbytère d'Aprey n'avait abrité d'autres femmes que ses deux sœurs, qui l'ont élevé !.... Toutefois, un jeune ecclésiastique, le moins résigné des permutants, me demandait communication de la lettre de ses délateurs; il protestait contre leur calomnie, qu'il voulait confondre ; il me représentait combien, au point de vue politique, son déplacement produirait, dans le pays, un mauvais effet. « Les gens simples, disait-il, ne manqueront pas d'accuser la République de persécuter les prêtres. » Le jeune pasteur était animé, ses paroles accentuées par une vive émotion. Impassible, je me bornai constamment à répondre : « Monsieur le curé, adres-
« sez-vous à votre évêque ; monseigneur appréciera vos
« raisons. »

M. Balland, l'un des meilleurs comptables de l'arrondissement, n'eut pas de peine à détruire la ridicule imputation dont il était l'objet. Comment admettre, en effet, un percepteur incitant les contribuables à ne point payer, eux qui n'y sont déjà que trop enclins? Quant à MM. François, d'Régel et Gérardeau, leurs prétendus tripotages n'étaient pas plus réels. Dès lors, je regardai comme nulle et non avenue, la requête de l'inspecteur général. D'ailleurs, je savais à quelle source suspecte il avait puisé les propos qui la motivaient, et je trouvais étrange qu'il m'eût fait blâmer officiellement d'avoir, en sa présence, parlé avec admiration du beau caractère de Lamartine.

A peine M. Franja avait-il quitté Langres, qu'un autre émissaire républicain, tout couvert de rubans rouges qui flottaient au vent, venait prendre la place de cet inspecteur général. C'était M. Charles Thièle, sous-officier récemment sorti du 24ᵉ léger, délégué du Gouvernement provisoire et des clubs de Paris. Il avait pour mission :

1° D'emmener avec lui, comme représentants de l'armée à la fête de la Concorde, cinq sous-officiers du même régiment ;

2° D'organiser des clubs militaires, en vue d'agiter les sous-officiers et soldats, afin de tempérer le despotisme de leurs chefs ;

3° De propager la *Déclaration des Droits de l'Homme*, du citoyen Robespierre.

Par les libéralités de M. Thièle, un grand nombre de militaires, attablés dans les cafés, buvaient à discrétion et fraternisaient avec le *Club des Travailleurs*, dont le président avait reçu les frais d'impression de ladite *Déclaration*. Les chants patriotiques se mêlaient à des prédications peu favorables à la discipline : les têtes s'exaltaient.

M. Thièle ne s'en tenait pas là. A la caserne du 24ᵉ léger, il exigeait du colonel le congédiement immédiat de cinq sous-officiers choisis par M. Larabit. M. Thièle exhibait un ordre signé du Ministre de la guerre. Fidèle à son devoir, M. Bertrand crut ne pouvoir obtempérer à une pareille injonction, signifiée dans de telles circonstances. Rien, d'ailleurs, ne lui garantissait la signature du Ministre.

Exaspéré d'un refus inattendu, M. Thièle me déclare qu'Arago, que Ledru-Rollin, que le *Club des Clubs* vont casser le colonel, et que, ce soir, les soldats du 24ᵉ léger *chambard* leurs officiers. Tout cela n'est que trop possible. Je pr au délégué de le satisfaire; pourvu qu'il emmène, le même, les sous-officiers congédiés. En effet, le colonel L...-

trand accepte un acte de mon initiative, qui met à couvert sa responsabilité, et le régiment échappe de la sorte à une insurrection imminente.

J'étais en droit de me plaindre, et je me plaignis au Ministre de la guerre de la délégation irrégulière, confiée à M. Thièle, et qui avait mis en péril l'ordre public à Langres. Quelques jours après, une dépêche télégraphique faisait rejoindre les représentants du 24e léger.

A ce sujet j'écrivis à M. Montrol dans les termes suivants :

« Le citoyen Thièle, délégué du Gouvernement provisoire, « muni de pouvoirs signés par le Ministre de l'intérieur et par « le Ministre de la guerre, est venu requérir mon intervention « auprès du colonel du 24e léger, pour l'exécution d'un ordre « ministériel donné en dehors de toute hiérarchie. Il s'agissait « d'accorder un congé d'un mois à cinq sous-officiers dudit « régiment, désignés pour assister à la fête du Champ de Mai. « Il y avait urgence. J'ai pris l'arrêté dont vous trouverez ci- « joint copie, et auquel le colonel du 24e léger s'est conformé « sans difficulté...

« L'inspecteur général Franja et le délégué Thièle ne m'a- « vaient été annoncés ni par vous, ni par le Ministre de l'inté- « rieur. Un pareil oubli est véritablement regrettable ; car des « fauteurs de désordres pourraient, à l'aide de papiers vrais ou « non, compromettre la dignité et les intérêts de la République. « Veuillez en faire part à qui de droit. »

La publicité s'empara de M. Thièle ; j'en fus informé par la lettre ci-après que m'écrivit M. Mathelin, lieutenant d'état-major, détaché au 24e léger.

« Monsieur le Sous-Commissaire,

« Etant mis en cause par M. Emile de Girardin dans un procès en diffamation que lui intente M. Charles Thièle, à propos de faits énoncés dans une lettre insérée dans la *Presse* du 14 avril, j'ai l'honneur de vous prier de me faire connaître les renseignements que vous pourrez avoir sur ce jeune homme.

« Ayant moi-même, dans une lettre à M. Emile de Girardin, reproduit le bruit qui courait en ville : « Que vous aviez donné « ordre au payeur de délivrer trois mille francs à M. Thièle, » sachant maintenant que cet argent a été tiré d'autre source, je désire, si le procès a lieu, pouvoir rectifier l'assertion qui se trouve dans ma lettre. En conséquence, Monsieur le Sous-Commissaire, je vous ai ai obligé de vouloir bien également me répondre sur ce point...

« Je suis vraiment confus, Monsieur le Sous-Commissaire, du dérangement que je vous occasionne, et vous prie de me le pardonner en faveur du but que je poursuis, qui est le triomphe de la vérité sur l'intrigue. «

« Salut fraternel. »

Ma réponse à M. Mathelin reproduisait les particularités énoncées plus haut, et se terminait ainsi :

« M. Thièle est parti de Langres le soir même du 11 avril. Avant de monter en voiture, il a tiré d'un sac de 1,000 francs dont il était porteur, 150 francs, en me priant de les remettre au sergent-major Deschamps, qui se trouvait attardé.

« C'est probablement cet acte de complaisance de ma part, qui a fait naître le bruit que j'avais donné ordre au payeur de compter trois mille francs à M. Thièle. D'abord, il n'y a pas de payeur dans la ville de Langres, et, s'il y en avait un, je n'aurais pas le droit de disposer de sa caisse. En second lieu, je me suis assuré que ni le receveur des finances, ni le directeur des postes n'ont compté la moindre somme à M. Thièle.

« Voilà, Monsieur, tout ce que je sais de certain et de positif.»

Je ne mentionne ici que pour mémoire, une curieuse variété d'émissaire politique, dont j'ai également reçu la visite. Celui-ci était délégué du grand Comité électoral de Paris. Je crus tout naturellement qu'il allait m'entretenir du meilleur choix des candidats à l'Assemblée constituante. Il ne m'en dit pas un mot, mais en revanche, il me parla avec une éloquence chaleureuse et patriotique de la nécessité d'avoir partout une garde nationale parfaitement costumée ; il me montra ses échantillons, ses prix courants, et me pria, au nom de la République et du grand Comité électoral, de rendre obligatoire l'uniforme, pour chacun de *Messieurs* les gardes nationaux, dans toutes les communes de mon arrondissement. Pour cela je n'avais qu'à prescrire à *Messieurs* les maires de tenir la main à l'achat des tuniques et des schakos de sa fabrique. Je n'ai pas revu cet estimable industriel. S'il est mort, sa veuve inconsolable doit certainement continuer son commerce.

Avec le désagrément que m'avaient causé les deux envoyés du Gouvernement provisoire, amis imprudents de la République, je déplorais une autre faute politique, dont M. Fériel, ancien procureur du roi, était victime. J'en avais déjà entretenu le commissaire du département ; je lui écrivis de nouveau le 11 avril :

« Tout le monde, à Langres, regrette vivement la révocation « de M. Fériel; j'ai même écrit officieusement, à l'un des avo- « cats généraux près la Cour d'appel de Paris, pour le prier,

« dans l'intérêt de ce magistrat, d'intercéder auprès du Mi-
« nistre de la justice. A ma lettre était jointe une note qui m'a
« été remise par un citoyen recommandable. Cette note prouve
« en faveur du caractère loyal et indépendant de M. Fériel.
« Je pense comme vous, que le procureur général de Dijon
« s'est permis à cet égard, sur vos attributions, un empiètement
« injustifiable. »

Le lendemain, 12 avril, j'écrivais encore :

« On parle à Langres, en ce moment, beaucoup plus de la
« révocation de M. Fériel que des élections. Une pétition, en
« faveur de ce magistrat, se couvre de signatures, et vous sera
« ensuite adressée avec mon apostille. Ce soir, aussitôt après
« l'arrivée de votre message, je me suis empressé d'aller moi-
« même, en compagnie de MM. Couvreux et Béguinot, dire à
« M. Fériel, de votre part, de rester à son poste jusqu'à nouvel
« ordre... »

Nous comptions sur une réintégration qui n'a pu avoir lieu
en temps opportun, quels qu'aient été les efforts de M Montrol. J'insiste sur ce point, pour démentir des bruits calom-
nieux. Maintenant, M. Fériel est procureur de la République
à Châtillon-sur-Seine.

Cependant Langres s'occupait sérieusement des élections
parlementaires. Chacun disait son mot et défendait ses candidats. Mon rôle était facile. Avec le suffrage universel, je n'a-
vais qu'à laisser faire et laisser dire. D'ailleurs quelle aurait pu être mon influence, à moi, nouveau venu, dans une
ville où après vingt ans de résidence, on est encore un *étran-
ger*! J'avoue que je m'applaudissais de n'avoir point de parti à
prendre dans les intrigues que l'historien Thiers appelle d'*in-
fâmes escroqueries*, et où les sous-préfets du règne déchu ont
perdu toute considération. Je croyais même à cet égard, être
libre, comme tout autre citoyen, d'exprimer hautement ma
pensée C'était sans doute une erreur, puisque ma franchise,
qualité bien rare à Langres, a mécontenté un Représentant.

Quoiqu'il en soit, les comités électoraux, dans les cantons
de l'arrondissement redoublaient de républicanisme. C'était,
de la part des candidats, à qui donnerait le plus de gages
à la sainte cause de la démocratie. Il n'en avait pas toujours
été ainsi ; car, le 11 mars précédent, un vrai républicain écrivait au citoyen Flocon, sous-secrétaire d'Etat de l'intérieur :

« J'habite Langres depuis dix ans, et j'y exerce ma profession
dans une circonscription assez étendue pour connaître l'esprit
de la localité. Eh bien ! la vie politique n'y existe pas. La
population langroise, subissant depuis longtemps la domination
de quelques familles privilégiées, n'a commencé à s'émanciper

que depuis quelques années ; et, c'est comme produit de cette émancipation que, malgré mes opinions politiques, bien connues, j'ai été porté aux fonctions municipales que je remplis. Est-ce à dire que les idées républicaines avaient gagné le peuple ? Non, malheureusement non. Ici, tout prosélytisme était impossible : il fallait marcher lentement, et nous étions bien loin du but, lorsque la foudre que vous teniez en vos mains a éclaté. Aussi, qu'arrive-t-il en ce moment ? c'est que j'ai beau chercher, je ne trouve pas, à Langres, un républicain digne de la haute mission de représenter le peuple, et pourtant les candidats qui commencent à surgir sont nombreux. Mais quand je vois tous ces peureux, tous ces hommes d'argent, qui ont l'impudeur de solliciter les suffrages du peuple qu'ils méprisent, oh ! je vous l'avoue, je bondis d'indignation.... »

Mais depuis un mois les idées avaient marché. A propos des élections, les manifestations républicaines me parvenaient de tous les points de l'arrondissement. C'est ainsi que le maire de Bourbonne, l'honorable M. Renard-Athanase, ancien député, m'écrivait le 14 avril :

« La République a été franchement acceptée dans le canton de Bourbonne, dont la population essentiellement rurale et mêlée seulement de petite bourgeoisie sortie du peuple, est profondément pénétrée des principes d'égalité et de fraternité...

« La hausse des fonds publics et les circulaires de M. Armand Marrast, comme maire de Paris, ont produit une heureuse impression sur les esprits. La confiance renaîtrait promptement, suivant moi, si le Gouvernement pouvait commencer luimême à se montrer plus confiant dans les dispositions du pays. »

Le même jour, le maire de la Ferté-sur-Amance, M. Remougin, homme d'un caractère froid, me disait dans une lettre :

« Je suis heureux de vous faire connaître que, depuis la révolution de Février, la population entière de la Ferté-sur-Amance a manifesté des idées républicaines sans désordres ni aucun trouble. Il en a été de même pour les communes environnantes.

« Je ne vous dissimulerai pas cependant, citoyen sous-commissaire, que notre canton tout entier a vu avec déplaisir les décrets concernant l'impôt des 45 centimes, et surtout le nouvel impôt sur les boissons, qui frappe sur la classe laborieuse de notre pays. »

Je pourrais multiplier les citations formulées dans le même esprit.

Pourtant, les habitants d'Auberive, jusque-là dominés par

une famille puissante, n'acceptaient pas sans conteste le régime de Février. Deux jeunes républicains organisaient l'opposition et se rendaient maîtres de la majorité. Plus ardents que sages, ils prétendaient aussi gouverner eux-mêmes la commune. La pression qu'ils exerçaient soulevait un antagonisme, dont l'acrimonie augmentait de jour en jour. Le mode d'élection, imposé par eux, pour la formation du comité électoral, amena un éclat. Le vice-président et les membres de ce comité, firent une protestation énergique, suivie de leur démission ; et, ce qui est bien pire, ils entraînèrent avec eux, le maire, le conseil municipal et les officiers de la garde nationale.

Or, nous étions au 12 avril, et le conseil de révision s'assemblait le 17 à Langres, pour tous les cantons de l'arrondissement. De plus, l'époque des élections générales approchait. J'avais besoin de renseignements pour assurer ces opérations importantes, et mes dépêches *refusées*, retournaient sans avoir été ouvertes. La commune d'Auberive travaillée par l'effervescence des coteries, n'avait plus ni autorités locales ni force publique.

Il y avait péril en la demeure. Je désignai trois citoyens de bonne volonté pour composer la commission municipale. A peine était-elle installée, que le président, homme faible et timide, m'informait, par un gendarme d'ordonnance, que des désordres effrayants se manifestaient à Auberive, et qu'il ne pouvait plus longtemps continuer ses fonctions. Je lui répondis de tenir ferme et de se conformer à mes instructions.

Sur ces entrefaites, le fils du maire démissionnaire, accompagné de M. Couvreux son parent, me déclare que la municipalité temporaire ne convient ni a lui, ni à ses amis ; que voulant s'en débarrasser, ils ont battu le rappel, assemblé la garde nationale et donné un charivari aux nouvelles autorités; que ce charivari continuera, tant que je n'aurai pas révoqué ces magistrats. Et, comme si cette déclaration n'était pas suffisante, il ajoute que son père et le conseil municipal, se sont concertés pour se retirer ensemble, afin d'entraver l'adminitration, et de donner ainsi une leçon à M. Montrol.

Il fallait que la passion fut poussée à son dernier paroxisme pour oblitérer, à ce point, le jugement d'un homme distingué qui a de l'esprit et de l'instruction.

Je lui représentai que la garde nationale d'Auberive, étant dissoute, par le fait de la démission des officiers, nul n'avait qualité pour la réunir, et que cette force existât-elle encore, le maire provisoire avait seul le droit de la convoquer. Secondement, que le tapage nocturne et l'outrage fait à des magistrats dans l'exercice de leurs fonctions, sont des délits prévus par l'article 479 du Code pénal, et qu'enfin le maire et les conseillers municipaux d'Auberive en se coalisant, se sont rendus coupables du crime de forfaiture, puni de la dégradation civique, par l'article 126 du même code. Je dis ensuite que, vu le flagrant délit, j'allais requérir la force armée, pour arrêter et conduire en prison les coalisés.

M. Couvreux se récria, et le parent revenu de son vertige, comprit la gravité de la situation. Il m'offrit, en repartant aussitôt, de réparer autant que possible, les excès qui avaient été commis.

Le lendemain, il était de retour à Langres et demandait à M. Montrol, qui s'y trouvait, de vouloir bien m'envoyer à Auberive, où ma présence pouvait seule ramener le calme et la tranquillité. M. Montrol y consentit, non sans avoir prononcé une admonestation énergique.

Voici, à cette occasion quelques passages du rapport que j'adressai le 19 avril au commissaire de la Haute-Marne :

« Je me suis rendu hier à Auberive, afin d'y prescrire les mesures nécessaires à la reconstitution légale du conseil municipal de cette commune.......

« Pendant les opérations préparatoires qui avaient lieu dans la salle du conseil, une foule tumultueuse et vivement irritée, y faisait invasion. Pour apaiser les esprits, j'ai expliqué en peu de mots l'objet de mon voyage. Je n'ai pu ensuite refuser la parole à quelques personnes qui tenaient à m'expliquer le motif de la démission collective du conseil municipal d'Auberive. Selon l'un des orateurs, cette regrettable détermination avait été prise en vue de vous forcer à prescrire une enquête, touchant la division qui s'est manifestée au sein du comité électoral d'Auberive. Il ne m'a pas été difficile de démontrer à l'assemblée que le commissaire du Gouvernement n'avait point à intervenir dans cette affaire, attendu que chacun est libre de former des comités ou des clubs, et d'y débattre toute espèce de questions politiques.... »

« Un second orateur, M. X, chef de l'opposition républicaine, répondant aux plaintes du préopinant, a prétendu que le commissaire du Gouvernement lui avait donné pleins pouvoirs pour constituer et diriger le comité électoral d'Auberive ; qu'il s'en référait au *bulletin des actes administratifs de la Haute-Marne*, où se trouve inséré un arrêté *ayant force de loi*, et auquel les habitants d'Auberive ont eu le tort de ne pas se soumettre ; en définitive, que la mission de M. X, avait un caractère *officiel* et *légal*, et que ceux qui lui refusaient leur concours dans le comité, faisaient acte de mauvais citoyens, d'ennemis du Gouvernement !

« J'ai fait observer au préopinant que le bulletin administratif dont il se prévalait, contenait une simple *instruction*, et non un arrêté du commissaire du Gouvernement, et que, par conséquent, la mission dont il se targuait ne pouvait avoir aucun caractère officiel. Toute l'assemblée partageant cette opinion, l'incident n'a pas eu d'autre suite. Ainsi désarçonné M. X a voulu entrer dans le champ-clos des personnalités ; mais j'ai dû couper court à cette escrime par trop dangereuse.

« Je ne rapporterai pas ici les divers autres incidents qui se sont précipités à travers la discussion, et que j'ai résolus ou écartés par l'énoncé des principes les plus élémentaires de notre droit public ou par la logique du simple bon sens.

« Pendant cette plaidoirie orageuse et désordonnée, un fait singulier s'est produit. On m'a proposé de procéder moi-même, séance tenante à l'enquête que vous avez déclinée...... J'ai fait comprendre à l'assemblée qu'il ne m'était pas possible de vérifier les affirmations des uns, les dénégations des autres sans entendre des témoins ; qu'il s'agissait dès lors de rendre un jugement contradictoire, et que rien après tout, ne me garantissait la soumission de celui des adversaires qui serait condamné; en somme, que ce débat, suscité par des amours propres blessés, se réduisait aux proportions d'une querelle de ménage, dont l'autorité supérieure ne pouvait s'occuper, sans négliger des intérêts beaucoup plus importants. Ces paroles ont été couvertes d'applaudissements, et chacun est sorti pour attendre l'ouverture du scrutin....

« A ma sortie d'Auberive, les habitants formaient la haie de chaque côté du chemin. A leur tête se trouvaient le vénérable M. Bordet père, membre du conseil général, et M. le curé. Le vieillard et le prêtre se sont avancés et m'ont remercié d'une voix émue d'avoir ramené parmi eux la paix et la concorde ; la population toute entière m'a salué de ses vivats...

« Tel est, en substance, le résultat de la mission dont vous m'aviez chargé. »

La municipalité d'Auberive une fois réinstallée sur ses bases normales, je refusai de donner suite à la plainte que m'avait adressée la commission municipale. Il y avait sans doute des coupables a punir ; mais les torts étaient réciproques, et la République avait encore eu là des amis maladroits.

Je crus devoir aussi ne point accepter un banquet qui m'était offert, comme témoignage de gratitude, par une députation des habitants d'Auberive.

J'avais fait mon devoir, sans viser à la popularité, ou, pour me servir des expressions de l'honorable M. Couvreux, j'avais exercé le pouvoir avec conscience et courage. C'est pour cela, sans doute, que l'on osait m'écrire de Chaumont : « *Vous avez sacrifié nos amis !* » et que les bureaux de la préfecture m'ont fait une petite guerre sourde et chicanière.

Il est vrai que j'en ai été dédommagé par la manifestation suivante, qui a paru dans *le Bien public* et dans *le Messager de la Haute-Marne* :

« La journée d'hier, 18, a été bonne et excellente pour la commune d'Auberive.

« M. Van Tenac, sous-commissaire du Gouvernement, ayant bien voulu se rendre au milieu de la population, pour constituer une municipalité, *par l'élection,* s'est convaincu par lui-même de l'esprit d'ordre et d'union qui règne dans notre commune. Les paroles bienveillantes qu'il a adressées à la population rangée sur son passage lui ont gagné tous les cœurs, et nous venons, fidèles interprètes de toute la commune, lui exprimer tous nos remercîments.

« Au nom de la *Société républicaine* d'Auberive, formée de toute la population.

Les membres composant le bureau :

Signé : Louis Bordet, président ; Rouhier, vice-président ; Picard, vice-président ; Félix Bordet, vice-président ; Ronot, vice-président ; Perrot, secrétaire ; Emile Petitot, secrétaire ; Etienne, secrétaire.

« Auberive, 19 avril 1848. »

A cette époque encore si rapprochée des journées de Février, j'étais, à Langres, dans une situation identique à celle du Gouvernement provisoire, c'est-à-dire que je recevais, à chaque instant, les délégués des sociétés politiques, ou des corporations d'ouvriers. J'entendais leurs observations, je faisais droit à leurs réclamations. Aujourd'hui c'étaient les garçons tailleurs de la ville qui se plaignaient de la concurrence ruineuse que leur faisaient les tailleurs du 24e léger. J'en donnais avis au colonel, et l'abus cessait. Un autre jour, les ouvriers cordonniers portaient une plainte analogue contre un maître cordonnier militaire, et ils avaient satisfaction aussitôt. Avec les envoyés des clubs, je m'étais entendu pour la solennité patriotique du dimanche 16 avril, présidée par le commissaire du département, et à laquelle assistèrent en grande pompe l'évêque et son clergé. Ce jour là l'arbre de la liberté a été planté et béni sur la place de l'Hôtel-de-Ville, en présence des autorités qu'entouraient une population nombreuse, les troupes de la garnison réunies à la garde nationale, les sociétés républicaines banières déployées. L'ordre n'a pas cessé de régner, et les clubs, composés de fort honnêtes gens, ont donné le bon exemple.

Un fait exceptionnel, que je vais rapporter, a pu, jusqu'à un certain point, accréditer l'opinion contraire. Des ouvriers employés aux travaux des fortifications, et non des citoyens de la ville, sont venus me demander au nom de l'égalité et de la fraternité, quel jour les pauvres partageraient avec les riches, c'est-à-dire pour être plus exact, « *quand que c'est que l'pil-* « *lage allait commencer.* » Cela s'était vu en 1815. La maison d'un négociant a été pillée en plein jour, et ses marchandises enlevées.

J'ai facilement désabusé ces hommes simples, dont la malveillance avait sans doute voulu se servir. Je leur ai fait comprendre que la République démocratique, dont on leur pervertissait la devise, protège la propriété et châtie les voleurs. La démarche de ces malheureux ne m'étonnait point. Je me souvenais qu'en 1830, après la révolution de Juillet, une pauvre femme devant qui l'on préconisait la liberté nouvelle, s'écria : « Belle liberté, ma foi ! Je ne pourrais pas t'en seulement pren- « dre un écu de cinq francs, sans être fichue en prison! »

Au milieu de la multiplicité des circonstances mentionnées plus haut, je trouvais le temps de m'occuper activement de mon administration. Ma correspondance avec le commissaire de la Haute-Marne et avec les 211 communes de l'arrondissement était très-volumineuse : par jour 2 à 300 lettres à lire ou à répondre ; l'arriéré, accumulé dans les cartons, exigeait des études et du travail ; les audiences accordées aux maires et aux diverses personnes qui venaient ou pétitionner ou me consulter, m'enlevaient encore une grande partie de mes instants. J'étais chargé, en outre, comme sous-intendant militaire, de la police administrative d'un régiment au grand complet. Je suffisais à tout. Je ne dis pas cela par vanité, mais pour prouver, Monsieur le Ministre, combien j'étais versé dans la matière.

Ennemi de la paperasserie routinière, je m'appliquais à supprimer ou abréger les lenteurs. Par exemple, au lieu de motiver savamment des arrêtés ou des avis, je répondais, courrier par courrier, en marge des lettres relatives soit à la réunion d'un conseil municipal, soit à l'interprétation d'un article de loi, d'ordonnance ou de règlement, soit à une affaire contentieuse, etc. Je stimulais les retardataires par des lettre de rappel ; jamais un fonctionnaire ne sortait de mon cabinet sans emporter la décision ou la solution qu'il était venu chercher.

Je dois dire ici que, pour la besogne habituelle, j'étais secondé par les employés de mes bureaux, avec autant de zèle que de dévouement. J'avais eu le bonheur de débuter avec eux par la réparation d'un passe-droit, et ils m'en savaient gré.

Ces faits étaient déjà de notoriété publique, chacun se plaisait à le dire hautement, et à me croire appelé à un emploi plus élevé. Le *Messager de la Haute-Marne* publiait spontanément dans son numéro du 16 avril :

« On nous assurait hier que M. Van Tenac était nommé « commissaire d'un département. Nous verrions avec un grand « regret partir M. Van Tenac, dont nous connaissons les capa- « cités et les excellentes intentions. »

Autrefois, la sous-préfecture de Langres était une bague au doigt, un rendez-vous de chasse, un centre de fêtes et de plaisirs. Le sous-préfet n'avait que la peine de signer. Un secrétaire en chef faisait tout : il rédigeait les dépêches, les arrêtés, les décisions ; donnait des audiences aux maires, recevait le public. L'un des hommes les plus capables et les plus honnêtes que j'aie connus, M. Minguet-Jourdain, a exercé pendant près de trente ans, cet obscur et laborieux métier. La roue de cuivre faisait marcher l'aiguille d'or...

Cependant, les collèges électoraux se réunissaient, des listes de candidats circulaient ; on allait enfin nommer les sept représentants de la Haute-Marne. Tout l'arrondissement était en émoi. Un conseil municipal, le maire en tête, amenait dans mon cabinet le curé de la paroisse, pour être puni avec toute la rigueur des lois. « L'aristocrate, s'écriait-on, se permet d'avoir sa liste particulière pour ne pas voter comme nous.

— Il en a le droit, répondis-je à ces furieux.

— Comment, il en a le droit ?

— Certainement. M. le curé n'est-il pas citoyen français, comme vous et moi ?

— Sans doute... à présent que tout le monde est citoyen, à ce qu'on dit.

— Il peut donc choisir ses candidats et voter comme bon lui semble.

— Au fait...

— En temps de République, mes amis, la liberté est pour tout le monde...

Maire, conseillers et curé contents de l'explication, sont partis bons amis.

Le jour même des élections, *le club des travailleurs*, banière en tête stationnait devant l'hôtel de la sous-préfecture, et m'envoyait une députation composée de cinq membres.

— Citoyen sous-commissaire, me dit l'orateur, nous venons vous avertir que, ce soir, il y aura du tapage dans les rues de Langres, attendu que les aristocrates ne veulent pas voter pour M. Pauwels, notre candidat.

— Citoyens délégués, je vous déclare, à mon tour, que le 24° léger sera sous les armes pour faire respecter la liberté des électeurs. Nous voici à deux doigts de jeu.

— Mais M. Pauwels est l'ami des ouvriers ; nous tenons à ce qu'il soit élu représentant du peuple.

— Le sentiment qui vous anime est fort honorable ; accordez vos suffrages à M. Pauwels, c'est votre droit ; mais les citoyens que vous traitez à tort d'aristocrates, ne sont pas obligés de voter comme vous. Vouloir les y contraindre serait une tyrannie indigne de bons républicains...

Inutile d'ajouter que les élections n'ont pas été troublées.

Pour une cause analogue, j'étais obligé d'écrire au maire d'une commune :

« J'apprends avec un sentiment de surprise et de réprobation, qu'une rixe aurait eu lieu entre plusieurs des habitants de votre commune, après une orgie à laquelle vous auriez pris part, ainsi que le curé. Celui-ci aurait fourni le vin et vous seriez sorti, m'assure-t-on, en manches de chemise et revêtu de votre écharpe municipale, quand déjà vous vous étiez compromis dans la mêlée.

« Si les faits sont exacts, vous êtes bien coupable, monsieur le maire ; vous le premier magistrat de la commune ; vous qui devriez donner l'exemple de la sagesse et de la modération...

« J'espère encore que vous me ferez un rapport qui atténuera, s'il ne dément, les graves accusations portées contre vous, et je suis convaincu que si de nouvelles scènes d'ivrognerie et de brutalité venaient à se produire dans votre commune, vous seriez le premier à vous y opposer de toute votre influence et de toute votre énergie. »

Le maire, le curé et quelques membres du conseil municipal, sont venus me donner des explications, dont je me suis contenté : ma lettre avait réussi.

Pendant ce temps-là, trois cents individus mettaient au pillage les bois de la commune de Rougeux; les habitants des communes des Loges et de Bussières se permettaient d'introduire des bestiaux dans les bois de l'Etat; les habitants des communes de Rosoy, de Culmont, et de plusieurs autres villages des cantonnements de Fay-Billot et de Bourbonne, dévastaient les forêts, coupaient des arbres de haute futaie, et

enlevaient le bois mort à pleines charrettes. Grâce à la vigilance de l'inspecteur et du sous-inspecteur des forêts, qu'assistait la gendarmerie ; grâce aussi au concours des maires, à
qui j'avais envoyé des instructions, le désordre a été promptement réprimé.

Je me gardai bien d'opposer la force à ceux des habitants du canton de Bourbonne qui marchaient la nuit par
bandes armées de cent à cent cinquante individus pour frauder les droits sur le vin. Il en serait indubitablement résulté
des collisions sanglantes et des soulèvements populaires, qu'il
était de la sagesse de l'administration de ne point provoquer.
Je conseillai à M. le directeur des contributions indirectes,
pour ne pas exposer sans utilité la vie de ses agents, de leur
enjoindre de verbaliser contre les délinquants qu'ils parviendraient à connaître et d'en saisir les tribunaux. Quelques
exemples judiciaires ont suffi pour faire cesser les expéditions
nocturnes des fraudeurs. Ils n'avaient agi que par une trop
large interprétation du mot liberté.

C'est la même erreur qui a suscité le 1er mai, sur le champ
de foire de Langres, la révolte des marchands de bestiaux. Ils
ont commencé par refuser net le paiement du droit de place,
et se sont livrés ensuite à des menaces, même à des voies de
fait envers les agents de la perception. Il a fallu employer la
force armée. Sur ma réquisition, deux compagnies du 24e léger, sous les ordres de M le commandant Desmarets, se
sont postées aux issues du champ de foire. Les artilleurs et
les sapeurs-pompiers de la garde nationale accourus au premier coup de baguette, ont formé des pelotons en se mêlant
avec la ligne. Mais une heure s'était écoulée, avant que les
troupes fussent en nombre. Le tumulte allait toujours croissant; une foule compacte s'était portée à l'une des sorties,
près de la terrasse où je me trouvais entouré du maire et de
ses adjoints, du colonel et de plusieurs officiers de la garde
nationale, du lieutenant de gendarmerie, etc. Des cris étaient
proférés, des pierres lancées ; un clairon du 24e était atteint ;
il fallait croiser la baïonnette pour protéger un voltigeur, que
venait de désarmer l'un des émeutiers, homme fort et vigoureux. MM. Mathelin, officier d'état-major, et Mangin, adjudant de la garde nationale, luttaient corps à corps dans la
mêlée avec cet individu, dont ils ne pouvaient s'emparer.
M. Mangin recevait des coups de manche de fouet, et M. Mathelin était entraîné par une espèce de reflux qui se précipitait vers
la rue. Mais, déjà, sur un autre point, l'émeute cédait devant
les pelotons mixtes s'avançant l'arme au bras ; le droit se percevait, l'ordre se rétablissait de proche en proche ; enfin par

tout, même en dehors de la ville, où s'étaient réfugiés un grand nombre de récalcitrants, force restait à l'autorité, et Langres ne perdait pas une source importante de revenu.

Cependant, les élections étaient terminées. MM Montrol et Couvreux étaient nommés Représentants du peuple. C'était une double perte, regrettable pour la Haute-Marne et pour la ville de Langres. Déjà, depuis huit jours, le maire m'avait envoyé sa démission dans les termes suivants :

« Monsieur le sous-commissaire,

« Les circonstances politiques rendent plus que jamais nécessaires les administrations puissantes, qui seules peuvent assurer l'ordre et le bien être dans les communes.

« En conservant un titre, dont je ne pourrais plus remplir les fonctions, j'affaiblirais le pouvoir, dans notre chère ville de Langres, et il importe, au contraire, qu'elle se hâte de compléter ou de composer une administration forte et éclairée, qui puisse dominer toutes les situations difficiles, et la faire profiter des organisations nouvelles, dont son avenir peut recevoir d'utiles améliorations.

« C'est par ces motifs, dictés par le plus constant dévouement à ma ville natale ; c'est dans son intérêt vivement senti, que je viens résigner entre vos mains, mes fonctions de maire de la ville de Langres, en vous priant de vouloir bien agréer ma démission.

« J'ai l'honneur de vous offrir, monsieur, l'expression de mes sentiments distingués et affectueux,

« A. COUVREUX-DAGUIN. »

Il ne m'était plus possible de temporiser. Je m'occupai dès lors de reconstituer la municipalité de Langres. La difficulté était immense ; j'aurais voulu que le conseil municipal me proposât des candidats, mais, par déférence, il persistait à s'en rapporter à moi.

J'offris la succession de M. Couvreux à M. le docteur Gillot, son premier adjoint, qui voulut bien accepter; ce choix était généralement approuvé. Mais à raison de sa nombreuse clientelle, M. Gillot avait besoin de deux adjoints *toujours prêts à le suppléer*. MM. Brocard-Populus et Delaage y mirent toute la bonne volonté possible. Toutefois, je dois dire ici, — car c'est de l'histoire, — qu'à partir de ce moment, la mairie de Langres se trouva déchue de cette puissance d'unité qui seule peut imprimer l'accélération aux affaires et resserrer les liens de la subordination.

Quant à la préfecture, rien n'y était en souffrance. Le délégué du commissaire de la Haute-Marne , M. Gustave Montrol , secrétaire général , se vouait exclusivement aux soins de l'administration départementale, et lui ouvrait une ère nouvelle. L'arriéré qui s'était amoncelé sous la pression des derniers évènements politiques, se dégageait de jour en jour, et le travail courant s'expédiait avec une rapidité inusitée. Dans les fréquents intérim préfectoraux qu'a remplis M. Gustave Montrol , il ne s'est point départi de son activité laborieuse, et je dois à cet honorable administrateur une large part dans les éloges accordés à mon zèle.

C'est dans cette situation que me surprit la nouvelle des évènements du 15 mai, c'est-à-dire l'envahissement de l'Assemblée Nationale. Le courrier de la malle me donna quelques renseignements vagues, en me prévenant de la part d'Etienne Arago, directeur général des postes, de ne point ajouter foi aux dépêches télégraphiques qui annonceraient un changement de drapeau, attendu que l'insurrection s'était emparée du télégraphe. Je publiai une proclamation pour rassurer les esprits. Je sollicitai aussi, et j'obtins du Ministre, qu'une ampliation des dépêches télégraphiques importantes, venant de Dijon, serait laissée à Langres, au lieu de revenir six heures plus tard de Chaumont.

Une circonstance inexpliquée, et que je n'ai pas cessé de déplorer, se rattache à cet évènement politique. Je veux parler de l'inimitié de M. Couvreux pour M. Montrol, inimitié qui est venue m'atteindre...

Cependant, le 24e léger changeait de résidence ; une demi compagnie de fusilliers vétérans composait toute la garnison de Langres ; la garde nationale était incomplètement armée, et nous allions bientôt nous trouver en présence des émeutiers du champ de foire. Je n'hésitai pas à faire délivrer provisoirement 600 fusils, à la milice citoyenne, sauf l'approbation qui serait demandée au Ministre de la guerre par M. Couvreux. Le 23 juin, jour de la foire aux bestiaux, je pris les devants Mieux vaut, selon moi, prévenir que réprimer. Tout se passa bien. Je publiais ensuite l'ordre du jour ci-après :

« Gardes nationaux, mes chers concitoyens !

« De sourdes rumeurs, des menaces même, avaient fait craindre de nouveaux troubles, à l'occasion de notre foire aux bestiaux : les marchands venus des campagnes environnantes voulaient, disait-on, renouveler la coupable tentative du 1er mai, en s'opposant à la perception du droit de location des places sur le Champ-de-Navarre.

« L'autorité a dû faire un appel à votre dévouement bien connu, à votre amour de l'ordre. Vous y avez répondu, comme toujours, avec toute la chaleur d'un noble zèle.

« Dès cinq heures du matin, vous étiez sous les armes ! Votre attitude calme et décidée a bientôt démontré aux rares promoteurs de la résistance, que vous étiez là pour assurer le maintien de la tranquillité, pour donner force à la loi. C'est ainsi que vous avez prévenu un excès regrettable.

« Honneur à vous, gardes nationaux, mes chers concitoyens ! honneur aussi à cette brave gendarmerie, qui vous a prêté son concours intelligent ! honneur encore à vos aînés de l'armée, les sous-officiers vétérans, qui gardaient le poste important de la poudrière ! Citoyens soldats, soldats citoyens, frères d'armes, réunis sous le même drapeau, vous avez tous fait votre devoir ! Je suis heureux de vous le dire.

« Je ne le suis pas moins de la conduite paisible des honnêtes habitants des campagnes, attirés dans nos murs par l'espoir de lucratives transactions. Ils ont compris que la prospérité du commerce, la richesse du pays, naissent de l'union des citoyens et de leur amour de l'ordre. »

A la première nouvelle de l'insurrection de juin, c'est-à-dire le 25, je pris résolument l'initiative des mesures les plus urgentes : réquisitions de vivres et transports militaires, délivrance de munitions de guerre et de feuilles de route. J'assumai sur moi la responsabilité de tous mes actes.

J'ai d'abord expédié un détachement de 200 gardes nationaux de Langres, commandés par le colonel de la légion ; puis un second détachement de Fays-Billot, sous les ordres d'un zélé patriote, M. le commandant Morlot. J'ai favorisé le départ des autres détachements, tant que leur concours m'a semblé utile à la défense de l'ordre ; mais aussitôt après la réception de la dépêche télégraphique du 26 juin, 10 heures du matin, qui annonce que l'insurrection sera bientôt réduite, j'ai cru devoir conseiller aux braves habitants de nos campagnes, qui s'étaient levés spontanément, de retourner à leurs travaux. 15 à 18 cents hommes des milices des cantons de Longeau, Prauthoy, La Ferté, ont suivi ce conseil.

Les autorités municipales et les habitants de Langres ont été d'une cordialité vraiment fraternelle pour les gardes nationaux qui sont venus leur demander l'hospitalité. Le détachement de Vesoul, est le dernier à qui j'aie fourni les moyens de transport jusqu'à Chaumont.

L'arrêté suivant, daté du 25 juin, explique ma conduite :

« Le sous-commissaire de la République dans l'arrondissement de Langres.

« Vu la dépêche télégraphique datée de Paris le 24 juin 1848, une heure et demie du soir, signée général Cavaignac, chef du Pouvoir exécutif, et ainsi conçue :

« Par décret de l'Assemblée Nationale, Paris est mis en état « de siège et l'Assemblée Nationale est en permanence. Le « Pouvoir exécutif est confié au général Cavaignac. La Com- « mission exécutive a donné sa démission. Des barricades « existent encore. L'accord de la garde nationale, de l'armée, « et de la mobile donnent la certitude que l'ordre sera bientôt « rétabli. Les gardes nationales de plusieurs villes sont déjà « arrivées. *Leur exemple doit être imité. La République* « *sortira triomphante de cette dernière lutte contre l'anar-* « *chie* ; »

« Vu la dépêche télégraphique du 25 juin, 4 heures et demie du soir, ainsi conçue :

« La cause de l'ordre et de la République triomphe ! L'ar- « rivée de la garde nationale des départements a exercé une « influence immense. *La marche sur Paris ne doit pas être* « *arrêtée* ; »

« Vu l'article 141 de la loi du 22 mars 1831, relatif à la for- mation des corps détachés de la garde nationale ;

« Vu l'élan spontané des gardes nationaux volontaires de la ville de Langres, qui demandent à se réunir à leurs frères d'ar- mes combattant pour la cause de l'ordre et de la République ;

« Vu l'impossibilité de consulter le préfet de la Haute- Marne, et d'avoir sa réponse en temps opportun ;

« Considérant que, de ce passage de la première dépêche té- légraphique : « *La République sortira triomphante de cette* « *dernière lutte contre l'anarchie,* » il résulte évidemment que la patrie est en danger ;

« Considérant que la phrase ci-après de la première dépêche : « *Leur exemple doit être imité,* » et cette phrase de la seconde dépêche : « *La marche sur Paris ne doit pas être arrêtée,* » contiennent implicitement l'ordre de mobiliser les gardes na- tionales qui veulent marcher sur Paris,

Arrête :

Article premier. — Les gardes nationaux volontaires de la ville de Langres et ceux des autres communes de l'arrondisse- ment qui vont combattre l'insurrection sont, dès à présent, con- sidérés comme corps détachés et jouiront, par application de l'art. 159 de la loi du 22 mars 1831, de la solde et des presta- tions attribuées à la troupe de ligne.

Art. II. — Des feuilles de route et des mandats de solde et de transport leur seront délivrés,

Art. III. — En cas de difficulté de la part des intendants militaires chargés de liquider les indemnités dues aux détachements de gardes nationaux mobilisés, le présent arrêté sera soumis à l'approbation du préfet de la Haute-Marne.

« VAN TENAC. »

Ce n'est que trois mois après, à l'occasion du règlement des frais de route, que cet arrêté reçut l'approbation suivante :

« Le préfet de la Haute-Marne,

« Vu les dépêches télégraphiques des 24 et 25 juin ; considérant qu'en principe, il n'appartient pas aux sous-commissaires de la République de mobiliser la garde nationale, mais que, dans le cas particulier, la mesure prise par le citoyen sous-commissaire de Langres est justifiée par l'urgence. »

« Arrête :

« L'arrêté du citoyen sous-commissaire de l'arrondissem nt de Langres, en date du 25 juin, est approuvé.

« Chaumont, le 21 septembre 1848.

« EMILE OLLIVIER. »

Le Gouvernement sanctionna cet acte, auquel le général commandant la 5e division militaire avait ajouté de sa main, une annotation qui me fait honneur.

Dans le cours des opérations de la mobilisation, j'avais donc fait mon devoir. Cela n'empêcha pas les deux journaux de Chaumont de m'attaquer avec peu de justice. Je laissai à M. Sanrey qui avait plus à se plaindre que moi, le soin de repousser cette agression. Voici la lettre qu'il écrivit au rédacteur du *Messager de la Haute-Marne*.

« Citoyen rédacteur,

« Le *Bien public*, de Chaumont, s'est permis d'avancer, dans son numéro du 30 juin, que le sous-préfet de Langres avait signé, après le départ des *bons citoyens langrois*, une feuille de route à *quarante habitants, assez mal famés*, commandés par un officier de leur choix, *ancien pensionnaire d'une maison de détention.*

« L'*Echo du Peuple*, de Chaumont, a dit, de son côté, que ce détachement était composé d'une *quarantaine d'individus en blouse, d'assez mauvaise mine* ; que la plupart étaient des ou   s des fortifications, *parmi le uels se   uvaient plusieu s repris de justice.*

« Il es facile de réfuter les assertions plus que hasardées de ces deux journaux.

« Les quarante citoyens dont parlent le *Bien public* et

l'*Echo*, tous ouvriers domiciliés à Langres, étaient inscrits sur les contrôles de la garde nationale et n'avaient subi aucune condamnation infamante, ainsi que l'ont attesté les autorités municipales.

« Le sous-préfet de la République aurait donc eu mauvaise grâce à leur refuser une feuille de route, par la seule raison qu'ils étaient *en blouse, et d'assez mauvaise mine*, après en avoir accordé au premier détachement, composé de citoyens bien vêtus et d'une belle tenue. C'eût été méconnaître l'esprit d'égalité de nos institutions démocratiques.

« L'officier choisi par les quarante ouvriers dont *un seul*, par parenthèse, travaillait aux fortifications, c'est moi. La lettre de l'adjoint de la ville de Chaumont, apostillée par le préfet de la Haute-Marne, justifie suffisamment la conduite que j'ai tenue dans cette ville.

« Quant au journaliste qui a osé dire que je suis un *ancien pensionnaire d'une maison de détention*, je le déclare un infâme calomniateur, et je le poursuivrai comme tel, s'il ne s'empresse de publier une rétractation.

« Il y avait parmi les hommes du détachement que je commandais, quelques ivrognes qui se sont fort mal comportés, cela n'est que trop vrai; mais, encore une fois, ce n'étaient point des *repris de justice*.

« Dans l'intérêt de la vérité, je vous prie, citoyen rédacteur, de vouloir bien insérer la présente réclamation, qui a été envoyée au *Bien public* et à l'*Écho*.

« Salut et fraternité,

« SANREY (HIPPOLYTE). »

Si les journaux de Chaumont me faisaient une guerre injuste, le *Messager de la Haute-Marne* ne les imitait point. A l'occasion du décret qui me maintenait en fonctions, on lisait dans cette feuille, n° du 30 juillet :

« M. Van Tenac, sous-commissaire du Gouvernement à Langres, a été nommé sous-préfet de la République dans cette même ville. Cette nomination a é'é accueillie avec une faveur marquée par toute la population, qui n'a qu'à se louer de la sagesse, du zèle et des excellentes intentions de M. Van Tenac. »

Jusqu'à cette époque j'avais donc toujours conservé l'estime et les sympathies de mes administrés. Vous allez voir aussi, Monsieur le Ministre, de quelle bienveillance m'honoraient mes supérieurs.

Le 16 août, le préfet de la Haute-Marne me donnait avis qu'une révolte venait d'éclater dans la prison de Clairvaux, et

que les prisonniers s'étaient répandus dans la campagne. Je
faisais aussitôt établir sur tous les points de mon arrondissement, avec la garde nationale, un service de surveillance de
jour et de nuit... Ce n'était qu'une fausse alerte; mais M. Emile
Ollivier m'écrivait le lendemain :

« Citoyen Sous-Préfet,

« Je vous remercie du zèle et de l'empressement que vous
avez mis à suivre les instructions que je vous ai adressées. Je
suis heureux, en commençant mes rapports administratifs avec
vous, d'avoir à vous exprimer dans le premier acte important,
où nos efforts ont dû s'associer, des sentiments de satisfaction
et de gratitude....

« Il importe que les populations soient bien pénétrées de
l'empressement et de la vigueur de l'autorité à veiller au
maintien de la paix et de la sécurité publique, quand elles seront
menacées. »

Un mois après, c'est-à-dire le 16 septembre, dans une autre
circonstance, le Ministre de l'intérieur, l'honorable M. Se-
nard, m'adressait la lettre suivante :

« Citoyen Sous-Préfet,

« Le préfet de la Haute-Marne m'a transmis, le 11 de ce
mois, le relevé numérique des citoyens mobilisables dans le
canton de la Ferté-sur-Armance, qui dépend de votre arrondissement. Il m'informe en même temps que vous imprimez
une grande activité au travail de la mobilisation.

« Je suis heureux de vous exprimer toute ma satisfaction
pour le zèle dont vous faites preuve dans l'exécution d'une
mesure dont vous avez compris toute l'importance. »

Relativement au même travail, M. Emile Ollivier m'écrivait,
le 24 septembre :

« Citoyen Sous-Préfet,

« Les relevés numériques des citoyens mobilisables du département, sont maintenant tous transmis au Ministère de l'intérieur. —J'ai reçu des félicitations sur la promptitude avec laquelle le travail s'est opéré dans la Haute-Marne. Il est arrivé
le premier au Ministère. *Je vous en fais part; en vous témoi-
gnant ma satisfaction personnelle pour le concours actif
que vous m'avez prêté, en ce qui concerne votre arrondissement...* »

C'était à la fin du mois de janvier dernier. M. Commoy, receveur des finances, m'informe que, dans la commune de Velles,
un contribuable a repoussé par la force les agents du Trésor,

qu'il organise une résistance armée à laquelle prendront part les habitants du village; que des coups de fusils seront tirés. Je pars aussitôt avec deux cents hommes de troupes, et j'ai le bonheur de tout pacifier.

Le 29 janvier, le préfet de la Haute-Marne, **M.** Tonnet, à qui j'avais rendu compte de mon expédition, m'écrivit:

« Monsieur le Sous-Préfet,

« J'ai reçu les trois lettres dans lesquelles vous me donnez la relation de ce qui s'est passé, et des mesures que vous avez prises, à l'occasion du refus du paiement de l'impôt par le sieur Morlot. J'ai appris avec une vive satisfaction le résultat de vos diligences, et je vous félicite bien sincèrement de l'activité et de la fermeté que vous avez apportées dans cette affaire. Je crois, comme vous, que l'effet moral produit sur les populations du voisinage, préviendra le retour de pareille mesure, qu'il est utile et indispensable de prendre quelquefois, mais qu'il serait fâcheux d'employer trop souvent.

« Je vous remercie, monsieur le sous-préfet du succès obtenu, et de votre empressement à me le faire connaître. »

A la même époque, le tribunal correctionnel venait de prononcer une sentence sévère dans un procès scandaleusement immoral. L'opinion publique devait être satisfaite. Elle ne l'était pas entièrement ; la vindicte populaire a ses exigences. Les principaux condamnés appartenaient à la classe riche et distinguée de la ville ; l'autre classe, justement indignée, voulait, le soir même, leur infliger l'ignominie d'un charivari. Or, à Langres, en pareil cas, un charivari toléré prend tout à coup les proportions d'une émeute : la force armée intervient, la loi martiale est lue, le sous-préfet se montre, la municipalité se cache, le sang coule... Puis le peuple en furie roule comme un torrent dans les rues désertes, où désormais le même sous-préfet ne reparaîtra plus... Cette histoire est d'hier ; le sous-préfet se nommait M. Bourgeois... Encore une fois, je le répète, avec l'autorité d'un magistrat compétent, « mieux vaut « prévenir, quand on le peut, que réprimer quand il le faut. » C'est pourquoi, dès la chute du jour, la police et la gendarmerie surveillaient les alentours des points menacés, afin d'empêcher les passants de stationner et de former des rassemblements. Le bataillon d'ouvriers casernés à la citadelle se tenait prêt à marcher au besoin... Ces précautions ont heureusement réussi, et M. Tonnet a eu la bonté de m'en faire un mérite aux yeux du ministre Léon Faucher.

Un brave et loyal militaire, qui m'a vu de près dans les crises les plus périlleuses de mon administration, M. le général

Bertrand, ancien colonel du 24ᵉ léger, aujourd'hui directeur du personnel de la guerre, m'écrivait, sous la date du 30 décembre 1848 :

« J'arrive, Monsieur le Sous-Préfet, au paragraphe de votre lettre par laquelle vous invoquez mon témoignage au sujet de la fermeté et du talent dont vous avez fait preuve dans les temps difficiles que nous avons passés ensemble à Langres. J'ai pu apprécier, mieux que personne, le zèle et le dévouement que vous avez déployés dans ces moments d'agitation, si pernicieux pour le pays, je n'ai pas oublié non plus que vous avez puissamment contribué à m'aider dans une tâche difficile, et je n'hésite pas à déclarer, dans une lettre que j'adresse à M. le Ministre de l'intérieur, que vous avez rendu, dans vos fonctions, habilement et dignement exercées, des services qui vous donnent des titres incontestables à la bienveillance du Gouvernement.

« Souvenirs affectueux. »

Le même officier général m'écrivait encore, le 29 février dernier :

« J'ai appris avec grand plaisir que M. le Préfet de la Haute-Marne avait adressé une proposition régulière de décoration en votre faveur, et je souhaite vivement que le témoignage que j'ai rendu de votre honorable conduite pendant les jours d'agitation que nous avons traversés ensemble, témoignage dont je vous ai donné communication et qui doit être joint à votre dossier, puisse contribuer au succès de la proposition dont vous êtes l'objet de la part de l'autorité supérieure.

« Je tâcherai, l'occasion aidant, de vous être utile pour la demande qui a été adressée en votre faveur.

« Souvenirs affectueux. »

Je pourrais, Monsieur le Ministre, extraire encore de ma correspondance officielle des attestations non moins honorables que les précédentes ; mais je crois avoir produit un assez grand nombre de preuves en faveur de mon caractère de magistrat, de ma capacité administrative et de mon dévouement à la République, pour que vous trouviez complète la démonstration qui fait l'objet de cette lettre.

Dans une deuxième, je me propose de vous dire comment des agressions ténébreuses et déloyales m'ont déterminé à donner ma démission. Dès le 15 février, elle était entre les mains de M. Moutrol. Le Ministre résista d'abord, car l'honorable M. Tonnet, préfet de la Haute-Marne, prenait ma défense. Enfin et de guerre lasse, M. Léon Faucher m'adressa la dépêche suivante :

« Monsieur, un arrêté rendu, sur ma proposition, par le Président de la République, a disposé de la sous-préfecture de Langres.

« En prenant cette mesure, le Gouvernement n'a pas entendu, toutefois, renoncer à vos services, et je serais heureux de trouver bientôt l'occasion d'utiliser de nouveau votre zèle et votre dévouement. »

« Vous voudrez bien conserver l'administration de l'arrondissement jusqu'à l'arrivée prochaine de votre successeur.

« Recevez, etc.

J'ai fait mon devoir jusqu'au bout.

Veuillez, je vous prie, Monsieur le Ministre, agréer l'expression de mon profond respect.

VAN TENAC.

Paris, ce 20 novembre 1849.

P. S. Cette lettre était encore sous presse, quand le *Moniteur* du 21 novembre a publié la nomination des vingt nouveaux Préfets.

www.ingramcontent.com/pod-product-compliance
Lightning Source LLC
Chambersburg PA
CBHW061119050726
47594CB00005B/2014